# This Book Belongs To ...

::::::::::::::::::::::::::::::::::::::::::::::::::

::::::::::::::::::::::::::::::::::::::::::::::::::

::::::::::::::::::::::::::::::::::::::::::::::::::

::::::::::::::::::::::::::::::::::::::::::::::::::

Made in the USA
Monee, IL
12 January 2023

25067862R00056